W0197437

MINI-TÖRTCHEN

Verzaubern nicht nur Naschkatzen

Autor: Martin Schönleben | Fotos: Thorsten Suedfels

DIE GU-QUALITÄTS-GARANTIE

Wir möchten Ihnen mit den Informationen und Anregungen in diesem Buch das Leben erleichtern und Sie inspirieren, Neues auszuprobieren. Bei jedem unserer Bücher achten wir auf Aktualität und stellen höchste Ansprüche an Inhalt, Optik und Ausstattung. Alle Rezepte und Informationen werden von unseren Autoren gewissenhaft erstellt und von unseren Redakteuren sorgfältig ausgewählt und mehrfach geprüft. Deshalb bieten wir Ihnen eine 100%ige Qualitätsgarantie.

Darauf können Sie sich verlassen:
Wir legen Wert darauf, dass unsere Kochbücher zuverlässig und inspirierend zugleich sind. Wir garantieren:
• dreifach getestete Rezepte
• sicheres Gelingen durch Schritt-für-Schritt-Anleitungen und viele nützliche Tipps
• eine authentische Rezept-Fotografie

Wir möchten für Sie immer besser werden:
Sollten wir mit diesem Buch Ihre Erwartungen nicht erfüllen, lassen Sie es uns bitte wissen! Nehmen Sie einfach Kontakt zu unserem Leserservice auf. Sie erhalten von uns kostenlos einen Ratgeber zum gleichen oder ähnlichen Thema. Die Kontaktdaten unseres Leserservice finden Sie am Ende dieses Buches.

GRÄFE UND UNZER VERLAG
Der erste Ratgeberverlag – seit 1722.

INHALT

TIPPS UND EXTRAS

10 DIE KLASSIKER

22 SAHNETÖRTCHEN

38 OBSTTÖRTCHEN

52 SCHNELLE TÖRTCHEN

MINI-TÖRTCHEN – ZART UND FEIN

Endlich gibt es eine Alternative zu Cupcakes & Co. – Törtchen mit superleckeren, sahnigen und fruchtigen Schichten auf fluffigem Biskuit oder butterzartem Mürbeteig.

Die Basis meiner Törtchen sind nur die allerbesten Zutaten, die ich bekommen kann. Eier und Milchprodukte müssen toppfrisch, Kuvertüre und Marzipanrohmasse von höchster Qualität sein. Und an Früchten kommen die aufs Törtchen, die in der jeweiligen Jahreszeit gerade Hochsaison haben. Für ein gutes Aroma werden nur natürliche Gewürze wie Vanilleschote und Zitronenschale verwendet. Künstliche Aromen bleiben außen vor.

Das Prinzip für meine Minis ist ganz einfach: Je nach Törtchenrezept einen hellen oder dunklen Biskuitboden backen und nach dem Abkühlen in der Größe der Förmchen kleine Böden ausstechen. Oder einen Mürbeteig am besten einen Tag vorher zubereiten und ruhen lassen. Den Teig am nächsten Tag ausrollen und je nach Rezept vorbacken und füllen. Für Sahnetörtchen die Creme oder den fruchtigen Spiegel bereits am Abend zuvor vorbereiten, in Silikonförmchen füllen und im Tiefkühlfach über Nacht, mindestens jedoch 3 Stunden, gefrieren lassen. Am nächsten Tag Creme und Fruchtspiegel aus den Förmchen drücken und im Kühlschrank in etwa 3 Stunden auftauen lassen. Kurz vor dem Servieren die Törtchen nach Rezept ausgarnieren und verzieren.

GUT ZU WISSEN

Neben guten Zutaten brauchen Sie für die Minis passende Förmchen. Am besten gelingen sie in Förmchen aus Silikon. Die Törtchen müssen dann immer tiefgekühlt werden. Alle Rezepte sind für 12 Förmchen à 90 ml Inhalt oder Tarteletteförmchen mit 10 cm ∅ berechnet. Größere Förmchen oder Förmchen aus einem anderen Material können Sie genauso gut verwenden, beachten Sie aber, dass dann eventuell die angegebene Stückzahl nicht mehr stimmt. Zum Füllen der Törtchen mit Creme haben sich zwei Methoden bewährt: Eine festere Creme mithilfe eines Spitzbeutels und einer Lochtülle auf den Törtchen verteilen. Ist die Sahnecreme eher flüssig, kommt der Rücken eines Esslöffels zum Verstreichen zum Einsatz.

Wenn es einmal besonders schnell gehen soll, füllen Sie die Sahnetörtchen einfach in Gläser oder schöne Becher und stellen diese bis zum Servieren in den Kühlschrank.

WELCHE FÖRMCHEN SIND DIE BESTEN?

Hier scheiden sich die Geister! Das einzig selig machende Förmchen gibt es nicht.
Finden Sie selbst heraus, mit welchen Sie am besten zurechtkommen.

SILIKONFÖRMCHEN

Für Mini-Törtchen eignen sich am besten Silikonförmchen. Es gibt sie in unterschiedlichen Farben,
Formen und Größen. Für die Rezepte in diesem
Buch brauchen Sie mindestens 12 Silikonförmchen à 90 ml Inhalt oder Tarteletteförmchen mit
10 cm Ø. Silikonförmchen sind universell einsetz-
bar, halten Hitze und Kälte aus. Sie werden nicht
eingefettet und die fertigen Törtchen lassen sich
leicht herauslösen. Steckt ein Törtchen dennoch
fest, frieren Sie es ein, gefroren lässt sich die
Silikonhülle problemlos entfernen.

METALLFÖRMCHEN

Wer keine Silikonförmchen hat, kann Tarteletteförmchen aus Metall mit einem Durchmesser von
10 cm oder 12 cm verwenden. Im Handel sind sie
sowohl unbeschichtet als auch beschichtet, mit
gewelltem oder glattem Rand sowie mit heraus-
nehmbarem Boden erhältlich. Förmchen aus
Metall müssen vor dem Backen immer eingefettet
werden. Auch die Sahnetörtchen können Sie in
Metallförmchen setzen. Hierfür die Förmchen mit
einem neutralen Öl (z. B. Sonnenblumenöl) leicht
einpinseln und mit Zucker ausstreuen. Dann lösen
sich die Törtchen fast wie von selbst aus der Form.

DESSERTRINGE

Wenn Sie statt Förmchen Dessertringe haben,
können Sie die Törtchen auch damit schön in Form
bringen. Dessertringe sind in unterschiedlichen

Größen und aus Edelstahl erhältlich. Beachten Sie,
dass vor allem bei Sahnetörtchen die Schichten
andersherum eingesetzt werden müssen. Zuerst
den Boden in den Ring geben, darauf kommt die
Sahnecreme und obendrauf der Spiegel. Sie können mit den Dessertringen auch kleine Biskuitböden oder Mürbeteig ausstechen.

KLEINE HELLE BISKUITBÖDEN

2 Eier (100 g) | 60 g Zucker | 1 Prise Salz | 1 Prise abgeriebene Schale von 1 Bio-Zitrone |
40 g Mehl | 20 g Speisestärke | Backpapier | 1 Ausstecher (7 cm ⌀)

Für ca. 12 ausgestochene Biskuitböden (à ca. 7 cm ⌀) | 15 Min. Zubereitung | 8 Min. Backen |
Pro Boden ca. 50 kcal, 2 g EW, 2 g F, 8 g KH

1 Ofen auf 200° vorheizen. Eier und Zucker über dem heißen Wasserbad erwärmen (ca. 45°), bis die Masse dick wird. Mit dem Handrührer schaumig schlagen.

2 Dann erst das Salz und die Zitronenschale zur Eier-Zucker-Masse geben. Ein Backblech mit Backpapier auslegen

3 Mehl und Speisestärke vermischen. Die Mischung in ein Sieb geben, über die Zucker-Eier-Masse sieben und gut unter die Masse mischen.

4 Den Teig gleichmäßig in der Größe von ca. 33 × 25 cm auf das Backblech streichen. Den Teig im Ofen (Mitte) 6 – 8 Min. backen.

5 Den Boden aus dem Ofen nehmen und abkühlen lassen. Mit einem runden Ausstecher ca. 12 kleine Biskuitböden ausstechen.

TIPP

Für Schokobiskuitböden 2 Eier (100 g) und 60 g Zucker wie beschrieben schaumig schlagen. Je 1 Prise Salz und gemahlene Vanille zugeben. 34 g Mehl, 20 g Speisestärke und 6 g Kakaopulver unter die Zucker-Eier-Masse mischen. Den Teig wie in Schritt 4 und 5 fertig backen.

SCHOKOLADENBISKUIT

3 Eier (150 g) | 90 g Zucker | 1 Prise Salz | 1 Prise gemahlene Vanille | 50 g Mehl |
30 g Speisestärke | 10 g Kakaopulver

Für 12 Silikonförmchen (à 90 ml) | 15 Min. Zubereitung | 20 Min. Backen |
Pro Boden ca. 70 kcal, 2 g EW, 3 g F, 13 g KH

1 Ofen auf 185° vorheizen. Eier und Zucker unter Rühren über heißem Wasserbad erwärmen (ca. 45°), bis die Masse dick wird.

2 Beides mit dem Handrührgerät schaumig aufschlagen. Salz und gemahlene Vanille zugeben.

3 Mehl, Stärke und Kakaopulver mischen. Die Mischung in ein Sieb geben, über die Zucker-Eier-Masse sieben und unterheben.

4 Den Teig gleichmäßig auf die Silikonförmchen (oder Förmchen nach Wahl, siehe S. 5) verteilen. Förmchen auf ein Blech stellen.

5 Den Teig im Backofen (Mitte) 15 – 20 Min. backen. Dann auskühlen lassen. Den Biskuit aus den Förmchen lösen.

TIPP

Diesen Biskuit schneide ich ein- bis zweimal waagerecht durch und bestreiche die Flächen je nach Rezept mit Creme und Konfitüre. Natürlich können Sie den Teig ohne Kakaopulver backen, dann erhöhen Sie die Mehlmenge einfach auf 60 g.

MÜRBETEIG

200 g Butter | 100 g Zucker | ½ Vanilleschote | ½ TL abgeriebene Schale von 1 Bio-Zitrone |
1 Prise Salz | 1 Eigelb (20 g) | 1 Ei (50 g) | 300 g Mehl | 2 g Backpulver | Mehl zum Arbeiten |
12 Silikonförmchen zum Blindbacken | 1 Ausstecher (10 cm ∅, oder Dessertring)

Für 660 g Teig | 3 Std. 50 Min. Zubereitung | Pro Boden ca. 250 kcal, 3 g EW, 30X g F, 26 g KH

1 Die Butter in kleine Stücke schneiden und mit Zucker mit den Händen verkneten. Die Vanilleschote längs aufschneiden und das Mark herauskratzen.

2 Vanillemark, Zitronenschale und Salz zur Zucker-Butter-Mischung geben. Nach und nach Eigelb und Ei mit einem großen Spatel unterkneten.

3 Mehl und Backpulver mischen, zügig unter die Butter-Eier-Masse kneten, bis der Teig glatt ist. Zur Kugel formen und in Folie eingewickelt ca. 3 Std. kalt stellen.

4 Teig auf einer bemehlten Arbeitsfläche ca. 3 mm dick ausrollen. 12 Kreise ausstechen, die Förmchen damit auslegen. Überstehenden Teig abschneiden.

5 Ofen auf 180° vorheizen. Silikonförmchen auf den Teig setzen. Im Ofen (Mitte) 7 – 10 Min. blind backen. Förmchen entfernen. Tartelettes abkühlen lassen.

TIPP

In den Rezepten wird meistens 400 – 600 g Mürbeteig verwendet. Übrigen Teig können Sie gut einfrieren. Am besten portionsweise in Folie wickeln und bei Bedarf am Vorabend im Kühlschrank auftauen lassen. Oder Plätzchen daraus backen.

BUTTERCREME

300 ml Milch | 90 g Zucker | ½ Vanilleschote | 25 g Speisestärke | 2 Eigelb (40 g) |
250 g zimmerwarme Butter | 50 g Erdnussfett (ersatzweise Butter)

Für 750 g Buttercreme | 3 Std. 15 Min. Zubereitung | Pro 100 g ca. 430 kcal, 2 g EW, 128 g F, 17 g KH

1 250 ml Milch und Zucker aufkochen. Vanilleschote längs aufschneiden, das Mark herauskratzen. Mit Stärke, Eigelben und übriger kalter Milch verrühren.

2 Die angerührte Speisestärke mit einem Schneebesen unter die kochende Milch rühren, dann die Mischung unter Rühren einmal aufkochen lassen.

3 Die Masse abkühlen lassen. Damit die Vanillecreme keine Haut bekommt, die Oberfläche der Vanillecreme direkt mit Frischhaltefolie abdecken.

4 Die zimmerwarme Butter und das Erdnussfett in eine Rührschüssel geben und mit den Quirlen des Handrührgeräts rühren, bis sie hell-cremig ist.

5 Anschließend die abgekühlte Vanillecreme löffelweise unter die Buttermischung rühren. Die Creme dann je nach Angabe im Rezept weiterverwenden.

TIPP

Diese Buttercreme ist meine Lieblingscreme. Wer will, kann auch nur Butter nehmen. Die Creme hat dann einen gelblichen Touch und lässt sich nicht so gut aufschlagen wie mit Erdnussfett. In den Rezepten werden 450 – 500 g verwendet. Übrige Creme hält sich im Kühlschrank etwa 1 Woche und im Tiefkühlfach 4 Wochen.

DIE KLASSIKER

Was wäre eine gemütliche Kaffeetafel ohne unsere beliebten Klassiker? Sie sind nach wie vor noch aktuell. Nicht umsonst haben sie sich gegen alle Neuerungen der modernen Backkunst gut gehalten.

IRISH-COFFEE-TÖRTCHEN

Ein Törtchen nach Opas feinstem Lieblingsrezept! Mit einem Schuss Whiskey in der Creme wird jeder Bissen zum Hochgenuss.

450 g Buttercreme (siehe S. 9)
Für die Kaffeeböden:
65 g gemahlene Haselnüsse
4 Eiweiß (120 g)
80 g Zucker
1½ TL löslicher Kaffee (ca. 4 g)
80 g Marzipanrohmasse
4 Eigelb (80 g)
65 g Mehl
1 Prise Zimtpulver
Für die Füllung:
2 TL löslicher Kaffee (ca. 5 g)
120 ml Whiskey
65 g Puderzucker
Für den Überzug:
200 g Marzipanrohmasse
100 g Puderzucker
10 g Kakaopulver
400 g Fondant-Glasur
12 Kaffeebohnen
Außerdem:
1 Ausstecher (12 cm ⌀)

Irischer Hochgenuss

Für 12 Silikonförmchen
(à ca. 90 ml) |
1 Std. 30 Min. Zubereitung |
20 Min. Backen |
3 Std. Einfrieren oder Kühlen
Pro Stück ca. 600 kcal,
6 g EW, 25 g F, 75 g KH

1 Die Buttercreme nach dem Grundrezept (siehe S. 9) zubereiten. Für die Kaffeeböden die Haselnüsse in einer Pfanne ohne Fett rösten, bis sie duften. Den Backofen auf 180° vorheizen. Die Eiweiße mit Zucker und löslichem Kaffee mit dem Handrührgerät steif schlagen. Marzipanrohmasse und Eigelbe erst verkneten, dann hellgelb rühren. Eischnee, Mehl, Nüsse und Zimtpulver unter die Marzipanmasse heben. Den Teig in die Förmchen geben und glatt streichen. Im Ofen (Mitte) ca. 20 Min. backen.

2 Herausnehmen und auskühlen lassen, dann aus den Förmchen drücken. Die Kaffeeböden waagerecht in 3 dünne Scheiben schneiden. Die jeweils kleineren Böden in die Förmchen legen.

3 Den löslichen Kaffee im Whiskey auflösen, 2 EL davon unter die Buttercreme rühren. Den Rest mit Puderzucker und 65 ml Wasser vermischen. Damit den ersten Boden tränken. Etwas Creme mit einem Esslöffel auf dem Boden in den Förmchen verteilen. Die zweiten Bödenscheiben auf die Creme legen und leicht andrücken. Die Böden mit der Whiskey-Mischung tränken. Die Creme daraufgeben. Letzten Boden daraufsetzen und ebenfalls tränken. Übrige Creme kalt stellen. Törtchen mindestens 3 Std. in den Kühlschrank oder ins Tiefkühlfach stellen.

4 Die Törtchen aus den Formen drücken, mit etwas Buttercreme oben und an der Seite bestreichen. Für den Überzug Marzipanrohmasse mit Puderzucker und Kakaopulver verkneten. Das Schokomarzipan sehr dünn ausrollen und mit einem Ausstecher 12 Kreise (ca. 12 cm ⌀) ausstechen. Die Törtchen mit dem Marzipankreis bedecken. Nach Belieben den Marzipankreis durch Zusammendrücken in Falten legen.

5 Fondant erwärmen und mit etwas Wasser verdünnen, bis er dünnflüssig ist. Jedes Törtchen mit einer Gabel in den Fondant tauchen und herausheben. Auf einem Kuchengitter abtropfen lassen. Die Törtchen sofort mit 1 Kaffeebohne verzieren.

FLORENTINER TÖRTCHEN

ca. 450 g Mürbeteig (siehe S. 8) | 60 g Sahne | 75 g Butter | 135 g Zucker | 45 g Honig | 40 g Orangeat | 40 g Cranberrys | 135 g Mandelblättchen | 210 g Zartbitterkuvertüre | 12 Belegkirschen | Mehl zum Arbeiten | 1 Ausstecher (10 cm ⌀)

Unkompliziert

Für 12 Silikonförmchen (à ca. 90 ml) |
45 Min. Zubereitung | 18 Min. Backen
Pro Stück ca. 325 kcal, 14 g EW, 4 g F, 41 g KH

1 Den Mürbeteig nach dem Grundrezept (siehe S. 8) zubereiten und kühlen. Für die Florentinermasse Sahne, Butter, Zucker und Honig in einem Topf bei mittlerer Hitze so lange kochen lassen, bis sie ein wenig eingedickt ist und beginnt Farbe anzunehmen. Dann den Topf beiseitestellen und die Masse abkühlen lassen. Orangeat und Cranberrys fein hacken. Mit Mandelblättchen unter die Florentinermasse rühren.

2 Ofen auf 175° vorheizen. Den Mürbeteig etwa messerrückendick (ca. 3 mm) ausrollen. Mit einem Ausstecher 12 Kreise ausstechen. Die Teigkreise in die Förmchen legen. Überstehenden Teig abschneiden. Die Florentinermasse darauf verteilen.

3 Die Törtchen im Backofen (Mitte) in 12 – 18 Minuten goldbraun backen. Dann herausnehmen und auskühlen lassen. 140 g Kuvertüre grob und 70 g Kuvertüre fein hacken. Die grob gehackte Kuvertüre in einer Schüssel über dem heißen Wasserbad schmelzen lassen, vom Wasserbad nehmen und die fein gehackte Kuvertüre unterrühren und temperieren (siehe Klappe hinten). Die kalten Törtchen jeweils halb in die Kuvertüre tauchen und mit 1 Belegkirsche verzieren.

HOLLÄNDER TÖRTCHEN

600 g Mürbeteig (siehe S. 8) | 50 g Aprikosen-
konfitüre | 65 g Butter | 2 Eier (100 g) | 65 g Zu-
cker | abgeriebene Schale von 1 Bio-Zitrone |
70 g gemahlene Mandeln | 30 g Mehl |
40 g Fondant-Glasur | 12 Ananasstücke (frisch
oder aus der Dose) | Butter für die Förmchen |
2 Ausstecher (10 cm ⌀ und 3 cm ⌀)

Gelingt leicht

Für 12 Tarteletteförmchen (à 10 cm ⌀) |
1 Std. 5 Min. Zubereitung | 25 Min. Backen
Pro Stück ca. 160 kcal, 23 g EW, 22 g F, 15 g KH

1 Teig nach dem Grundrezept (siehe S. 8) zubereiten und kühlen. Metallförmchen einfetten. Den Teig
messerrückendick ausrollen. Mit dem großen Ausstecher 12 Kreise ausstechen. Kreise in die Förmchen legen. 25 g Konfitüre glatt rühren, Teigkreise
damit bestreichen.

2 Ofen auf 180° vorheizen. Butter zerlassen. Eier
und Zucker über dem heißen Wasserbad unter
Rühren erwärmen (ca. 45°), bis die Masse beginnt
dick zu werden. Schüssel vom Wasserbad nehmen,
die Mischung schaumig rühren. Zitronenschale,
Mandeln und Mehl untermischen. Butter unterrühren. Den Teig in die Förmchen füllen.

3 Im Ofen (Mitte) in ca. 25 Min. goldbraun backen.
Törtchen herausnehmen und auskühlen lassen.
Dann aus den Förmchen lösen. Übrige Konfitüre
kurz aufkochen, Törtchen damit bepinseln. Fondant erwärmen, mit etwas Wasser verrühren und
die Törtchen auf der Oberseite damit bestreichen.

4 Mit dem kleinen Ausstecher in der Mitte einen
Kreis ausstechen, nur den Biskuit. Das Ausgesto-
chene herausheben, je 1 Stück Ananas in die
Öffnung legen und das Mittelteil daraufsetzen.

PUCHHEIMER TÖRTCHEN

Nugat, Schokolade und Karamell sind eine einzigartige Kombination. Einmal probiert, und schon sind Sie und alle anderen süchtig nach diesen Törtchen.

400 g Mürbeteig (siehe S. 8)
Für die Nugatfüllung:
24 Rosinen
3 EL Rum
24 ganze Haselnüsse
350 g Nussnugat
1 Zweig Rosmarin
Für den Karamell:
25 g Sahne
10 g Honig
60 g Zucker
20 g Butter
Für die Ganache:
200 g Zartbitterkuvertüre
100 g Sahne | 30 g Butter
Außerdem:
1 Ausstecher (10 cm ⌀)
12 Silikonförmchen zum
Blindbacken
1 Einwegspritzbeutel

Mit hohem Suchtfaktor

Für 12 Silikonförmchen
(à ca. 90 ml) |
1 Std. 20 Min. Zubereitung |
über Nacht Einweichen |
10 Min. Backen
Pro Stück ca. 375 kcal,
4 g EW, 48 g F, 37 g KH

1 Den Mürbeteig nach dem Grundrezept (siehe S. 8) zubereiten und kühlen. Für die Füllung die Rosinen mit Rum bedecken und über Nacht einweichen. Die Nüsse in einer kleinen Pfanne ohne Fett ca. 5 Min. rösten, dann beiseitestellen.

2 Backofen auf 180° vorheizen. Den Teig etwa messerrückendick (ca. 3 mm) ausrollen. Mit einem Ausstecher 12 Kreise ausstechen. Die Teigkreise in die Silikonförmchen legen. Überstehenden Teig abschneiden. Die Teigkreise mit einer Gabel mehrmals einstechen. Dann ein zweites Silikonförmchen daraufgeben. Im Ofen (Mitte) 7 – 10 Min. backen. Die Törtchen auskühlen lassen. Die Silikonförmchen abziehen und die Törtchen herauslösen.

3 Nugat in einer Schüssel über dem heißen Wasserbad schmelzen lassen. In jedes Törtchen je 2 Haselnüsse und Rumrosinen legen. 100 g Nugat beiseitestellen. Törtchen mit übrigem Nugat füllen. Rosmarin waschen und trocken schütteln. Nadeln fein hacken und über den Nugat streuen. Die Törtchen kalt stellen.

4 Sahne und Honig erwärmen. Den Zucker in einer Pfanne goldbraun schmelzen lassen. Butter unterrühren und mit Sahne ablöschen (Vorsicht heiß!) und unter Rühren köcheln lassen, bis der Zucker gelöst ist. Den Karamell beiseitestellen und abkühlen lassen, dann auf den Törtchen verteilen.

5 Die Kuvertüre fein hacken. Sahne und Butter aufkochen, die Kuvertüre unterrühren und schmelzen lassen. Die Ganache auf die Törtchen geben und abkühlen lassen. Beseitegestelltes Nugat mit einem Spritzbeutel in Tupfen auf die Törtchen spritzen.

ENGADINER NUSSTÖRTCHEN

Die Schweizer wissen, was schmeckt! Die berühmte Torte der Engadiner habe ich
verkleinert zur saftigsten Überraschung, seit es Walnüsse gibt.

600 g Mürbeteig (siehe S. 8)
Für die Füllung:
170 g Walnusskerne
35 g Orangeat
65 g Sahne
180 g Zucker
35 g Butter
130 g Marzipanrohmasse
50 g Honig
Mark von ½ Vanilleschote
1 Ei
Für die Deko:
Puderzucker zum Bestreuen
12 Walnusshälften
50 g Zartbitterkuvertüre
Außerdem:
Mehl zum Arbeiten
Butter für die Förmchen
2 Ausstecher (10 cm ⌀
und 8 cm ⌀)

Gelingt leicht

Für 12 Tarteletteförmchen
(à ca. 10 cm ⌀) |
1 Std. 25 Min. Zubereitung |
25 Min. Backen
Pro Stück ca. 350 kcal,
4 g EW, 42 g F, 38 g KH

1 Den Mürbeteig nach dem Grundrezept (siehe S. 8) zubereiten und kühlen. Metallförmchen einfetten. 600 g Teig auf einer bemehlten Arbeitsfläche messerrückendick (ca. 3 mm) ausrollen. Mit dem großen Ausstecher 12 Kreise ausstechen. Die Teigkreise in die Förmchen legen. Übrigen Teig beiseitelegen. Die Förmchen bis zur weiteren Verwendung kalt stellen.

2 Walnusskerne grob und Orangeat fein hacken. Sahne erhitzen. Zucker in einer Pfanne goldbraun schmelzen lassen. Butter unterrühren und mit Sahne ablöschen (Vorsicht heiß!). Die Mischung beiseitestellen, Marzipanrohmasse stückchenweise unterrühren. Honig, Vanillemark, Nüsse und Orangeat unter die Füllung rühren.

3 Die Füllung auf dem Teig in den Förmchen verteilen und glatt streichen. Ofen auf 180° vorheizen. Übrigen Teig auf einer bemehlten Arbeitsfläche ausrollen und 12 Kreise (ca. 8 cm ⌀) ausstechen. Je 1 Törtchen damit abdecken, den Rand so andrücken, dass kein Spalt bleibt. Ei verquirlen, die Törtchen damit bestreichen. Mit einer Gabel ein Wellenmuster einritzen. Die Törtchen im Ofen (Mitte) in 20 – 25 Min. goldbraun backen.

4 Törtchen auskühlen lassen, dann herauslösen. Für die Deko eine Schablone (ca. 4,5 cm ⌀) aus Pappe ausschneiden. Diese in die Mitte der Törtchen legen und mit Puderzucker bestreuen, sodass ein Puderzuckerrand entsteht. 25 g Kuvertüre grob und 25 g Kuvertüre fein hacken. Die grob gehackte Kuvertüre über dem heißen Wasserbad schmelzen lassen. Fein gehackte Kuvertüre zum Temperieren (siehe Klappe hinten) verwenden. Walnüsse halb hineintauchen und in die Mitte der Törtchen legen.

S-TÖRTCHEN

Jeder kennt sie, die Sachertorte. Mit dieser raffinierten Mini-Variante können sich Fans das Wiener Kaffeehaus-Flair ganz leicht nach Hause holen.

65 g Butter
110 g gemahlene Haselnüsse
5 Eiweiß (150 g)
120 g Zucker
5 Eigelb (100 g)
95 g Mehl
25 g Kakaopulver
1 Prise gemahlene Vanille
1 Prise Zimtpulver
80 g Puderzucker
120 ml Weinbrand
ca. 230 g Himbeerkonfitüre
ca. 400 g Giandujamasse
(siehe Tipp)
30 g Vollmilchkuvertüre

Extrasaftig

Für 12 Silikonförmchen
(à ca. 90 ml) |
1 Std. 15 Min. Zubereitung |
25 Min. Backen |
1 Std. 30 Min. Einfrieren oder
Kühlen
Pro Stück ca. 540 kcal,
8 g EW, 54 g F, 60 g KH

1 Den Backofen auf 180° vorheizen. Die Butter zerlassen und beiseitestellen. Die Haselnüsse in einer Pfanne rösten, bis sie duften. Eiweiße und Zucker mit dem Handrührgerät schaumig rühren. Die Eigelbe schaumig rühren. Beides in eine Schüssel geben und vorsichtig mischen. Mehl und Kakaopulver darübersieben, mit Nüssen, gemahlener Vanille und Zimtpulver untermischen. Flüssige Butter vorsichtig unterheben. Den Teig in die Förmchen füllen. Im Backofen (Mitte) 20 – 25 Minuten backen. Herausnehmen und auskühlen lassen.

2 Puderzucker, Weinbrand und 80 ml Wasser verrühren. Die Sacherböden aus den Förmchen nehmen, oben gerade schneiden und waagerecht in drei Teile schneiden. Die kleineren Böden in die Förmchen legen. Die Himbeerkonfitüre glatt rühren. Untere Böden zuerst mit der Tränke bepinseln, dann mit 1 gehäuften TL Himbeerkonfitüre bestreichen. Die mittleren Böden darauflegen, tränken und mit Konfitüre bestreichen. Den jeweils dritten Boden daraufsetzen und mit Tränke bepinseln. Anschließend die Törtchen kalt stellen oder 1 Std. 30 Min. einfrieren.

3 Inzwischen die Giandujamasse (siehe Tipp) zubereiten. Die Kuvertüre temperieren (siehe Klappe hinten) und 12 Motive in S-Form herstellen. Die Törtchen aus den Förmchen nehmen, auf ein Kuchengitter stellen und mit der Giandujamasse überziehen. Dafür auf jedes Törtchen 1 EL Giandujamasse geben und mit dem Messer glatt streichen. Jedes Törtchen mit einem »Schoko-S« verzieren und kalt stellen.

TIPP Für die Giandujamasse 80 ml Milch und 80 g Sahne aufkochen, dann beiseitestellen. 160 g Zartbitterkuvertüre fein hacken und mit 160 g Nussnugat unter die Milch-Sahne-Mischung rühren und ca. 5 Min. stehen lassen. Danach noch einmal gut umrühren.
Die Giandujamasse lässt sich am Vortag gut vorbereiten und abgedeckt im Kühlschrank aufbewahren. Zum Überziehen die Masse vorsichtig erwärmen, bis sie wieder streichfähig ist.

SAHNETÖRTCHEN

Aber bitte mit Sahne... und einem ordentlichen Schlag Raffinesse und Fantasie!
Hier wird jedes Törtchen im Handumdrehen ein kleines Kunstwerk und
macht Ihren Kaffeeklatsch zur begehrtesten Einladung der Stadt.

CASSIS-ROSMARIN-TÖRTCHEN

Ganz schön schräg, diese Törtchen – nicht nur optisch, sondern auch im Geschmack!
Lassen Sie sich verführen von süß-herber Creme und fruchtigem Gelee.

12 ausgestochene helle
Biskuitböden (siehe S. 6)
Für das Cassisgelee:
4 Blatt weiße Gelatine
260 g reiner schwarzer
Johannisbeersaft
80 g Zucker
Für die Rosmarincreme:
1 Blatt weiße Gelatine
80 g Milch
30 g Zucker
3 g gehackte Rosmarinnadeln
1 Eigelb (20 g)
170 g Sahne
Außerdem:
12er-Muffinform
12 Johannisbeerrispen
Zucker zum Wenden

Fruchtig & schräg

Für 12 Silikonförmchen
(à ca. 90 ml) |
45 Min. Zubereitung |
8 Min. Backen |
6 Std. Einfrieren |
3 Std. Auftauen
Pro Stück ca. 130 kcal,
2 g EW, 11 g F, 17 g KH

1 Die hellen Biskuitböden nach dem Grundrezept (siehe S. 6) zubereiten und ausstechen. Für das Cassisgelee die Gelatine in kaltem Wasser ca. 5 Min. einweichen. Saft, 2 EL Wasser und Zucker in einen Topf geben. Gelatine ausdrücken und dazugeben. Alles erwärmen, bis die Gelatine vollständig aufgelöst ist. Damit das Gelee schräg fest wird, die Silikonförmchen in die Vertiefungen der Muffinform setzen. Auf der einen Seite der Form eine Plastikbox so hoch unterlegen, dass das Gelee den Förmchenrand erreicht (Bild 1). Das Gelee hineingießen und mit der Box 2 – 3 Std. ins Tiefkühlfach stellen, bis es fest ist.

2 Für die Rosmarincreme die Gelatine in kaltem Wasser ca. 5 Min. einweichen. Milch, Zucker und Rosmarin in einem Topf aufkochen. Den Topf beiseitestellen und das Eigelb unterrühren. Gelatine ausdrücken und unterrühren. Die Creme ca. 10 Min. ziehen lassen, dann durch ein Sieb passieren. Für mehr Aroma den Rosmarin im Sieb ausdrücken.

3 Die Sahne steif schlagen und unter die Creme heben (Bild 2). Die Förmchen mit dem Gelee aus dem Tiefkühlfach nehmen. Die Unterlage entfernen, damit die Förmchen wieder gerade stehen. Die Rosmarinsahne auf dem Gelee verteilen. Jeweils 1 hellen Biskuitboden daraufsetzen (Bild 3) und die Törtchen ca. 3 Std. ins Tiefkühlfach stellen. Die Törtchen sofort aus den Förmchen drücken und im Kühlschrank in ca. 3 Std. auftauen lassen. Nach Belieben die Johannisbeerrispen waschen, in Zucker wenden und die Törtchen damit dekorieren.

APEROL-SPRITZ-TÖRTCHEN

Amore mio! Was wäre der Sommer ohne prickelnden Aperol-Spritz? Für alle Fans des fruchtig-herben Italo-Aperitifs habe ich diese Törtchen kreiert.

12 ausgestochene helle
Biskuitböden (siehe S. 6)
Für den Orangenspiegel:
3 Blatt weiße Gelatine
240 ml Orangensaft
75 g Zucker
½ TL abgeriebene Schale von
1 Bio-Orange
Für die Sahnecreme:
3 Blatt weiße Gelatine
120 ml Prosecco | 40 g Zucker
2 Eigelb (40 g)
60 g weiße Kuvertüre
25 ml Aperol (ca. 3 EL)
½ TL abgeriebene Schale von
1 Bio-Orange | 240 g Sahne
Außerdem:
12 Pyramidenförmchen
(oder Eiswürfelbereiter 20 ml)
20 g Zartbitterkuvertüre

Trendtörtchen

Für 12 Silikonförmchen
(à ca. 90 ml) |
45 Min. Zubereitung |
8 Min. Backen |
über Nacht Einfrieren |
3 Std. Auftauen
Pro Stück ca. 200 kcal,
3 g EW, 21 g F, 20 g KH

1 Die Biskuitböden nach dem Grundrezept (siehe S. 6) zubereiten und ausstechen. Für den Orangenspiegel die Gelatine in kaltem Wasser ca. 5 Min. einweichen. 100 ml Orangensaft mit Zucker aufkochen. Die Gelatine ausdrücken und unterrühren, bis sie aufgelöst ist. Den übrigen Orangensaft und die Orangenschale unterrühren. Die Pyramidenförmchen damit füllen und ca. 1 Std. ins Tiefkühlfach stellen. Bleibt von der Mischung für den Orangenspiegel etwas übrig, den Rest gleichmäßig auf die größeren Silikonförmchen verteilen und ca. 1 Std. ins Tiefkühlfach stellen.

2 Für die Creme die Gelatine in kaltem Wasser ca. 5 Min. einweichen. Prosecco mit Zucker aufkochen. Den Topf beiseitestellen und die Eigelbe unterrühren. Weiße Kuvertüre fein hacken und darin schmelzen lassen. Die Gelatine ausdrücken und in der Proseccomasse auflösen. Aperol und Orangenschale untermischen und auf Zimmertemperatur abkühlen lassen.

3 Sahne steif schlagen und vorsichtig unter die abgekühlte Proseccomasse heben. Die Proseccosahne in die Silikonförmchen füllen und jeweils 1 Biskuitboden darauflegen. Die Törtchen mindestens 3 Std. (besser über Nacht) ins Tiefkühlfach stellen. Dann die Törtchen aus den Formen drücken und auf ein Kuchengitter setzen. Zartbitterkuvertüre temperieren (siehe Klappe hinten) und in einen Gefrierbeutel geben. An einer Spitze eine kleine Ecke abschneiden. Kuvertüre in dünnen Linien dekorativ auf die Törtchen spritzen. Orangenspiegel aus den Förmchen drücken und auf die Törtchen setzen. Im Kühlschrank in ca. 3 Std. auftauen lassen.

SCHOKOTÖRTCHEN MIT HIMBEEREN

Ein Törtchen mit Pfiff, und der steckt in den Himbeeren, denn die Früchtchen
werden mit einer feinen Balsamicocreme gefüllt.

12 ausgestochene
Schokobiskuitböden
(siehe Tipp S. 6)
3 Blatt weiße Gelatine
90 g Zartbitterkuvertüre
50 ml Himbeergeist
(ersatzweise Milch)
40 g Zucker
48 große Himbeeren
400 g Sahne
Balsamicocreme (siehe Tipp)
12 Minzeblättchen
zum Verzieren

So fruchtig!

Für 12 Silikonförmchen
(à ca. 90 ml) |
20 Min. Zubereitung |
20 Min. Backen |
3 Std. Einfrieren
(oder über Nacht) |
3 Std. Auftauen
Pro Stück ca. 210 kcal,
2 g EW, 26 g F, 15 g KH

1 Die Biskuitböden nach dem Grundrezept (siehe Tipp S. 6) zubereiten und ausstechen. Die Gelatine in kaltem Wasser ca. 5 Min.
einweichen. Die Kuvertüre fein hacken. Die Gelatine ausdrücken.
Mit Himbeergeist und Zucker in einer zweiten Schüssel über dem
heißen Wasserbad erwärmen, bis die Gelatine gelöst ist. Vom
Wasserbad nehmen und die Kuvertüre unterrühren.

2 Die Himbeeren verlesen und 12 schöne Beeren für die Deko
beiseitelegen. Die Sahne steif schlagen und ca. ein Drittel unter
die Kuvertüremasse rühren. Den Rest der Sahne vorsichtig unterheben. Die Silikonförmchen zur Hälfte mit Schokomousse füllen.
Je 3 Himbeeren mit der Öffnung nach oben darauflegen. Die Balsamicocreme mit einer Pipette oder einem Teelöffel in die Öffnung
der Beeren geben. Die übrige Mousse darauf verteilen. Je 1 Schokobiskuitboden darauflegen.

3 Die Törtchen mindestens 3 Std. ins Tiefkühlfach stellen. Dann
die tiefgekühlten Törtchen sofort aus den Förmchen drücken und
im Kühlschrank in ca. 3 Std. auftauen lassen. Mit je 1 Himbeere
und 1 Minzeblatt verzieren.

TIPP

Balsamicocreme mache ich am liebsten selbst. Dafür je
500 ml Aceto balsamico und Traubensaft aufkochen und offen
bis auf ein Drittel einkochen (ca. 300 ml), dann abkühlen lassen. Ist sie zu dickflüssig, etwas Essig oder Traubensaft unterrühren. Ist die Creme zu flüssig weiter einkochen lassen.
Die Balsamicocreme in Dosierflaschen füllen und nach Belieben verwenden.

BIRKENRINDENTÖRTCHEN

Mehr Schokolade geht nicht! Zugegeben, die Zubereitung ist etwas aufwendig –
aber von diesen Törtchen werden Ihre Gäste noch lange schwärmen.

12 ausgestochene Schoko-
biskuitböden (siehe Tipp S. 6)
Für die Schoko-Panna-Cotta:
5 Blatt weiße Gelatine
¼ Vanilleschote
320 g Sahne
320 ml Milch | 80 g Zucker
160 g Zartbitterkuvertüre
**Für die Birkenrinden-
schokolade:**
360 g Zartbitterkuvertüre
240 g weiße Kuvertüre
200 g geröstete gesalzene
Erdnüsse
**Für die Thymian-
Sauerkirschen:**
240 g Sauerkirschen
(frisch oder tiefgekühlt)
1 Zweig Thymian
40 g Zucker

Schokoladig-fruchtig

Für 12 Silikonförmchen
(à ca. 90 ml) |
40 Min. Zubereitung |
20 Min. Backen |
3 Std. Einfrieren |
3 Std. Auftauen
Pro Stück ca. 610 kcal,
11 g EW, 80 g F, 51 g KH

1 Biskuitböden nach dem Grundrezept (siehe Tipp S. 6) zubereiten und ausstechen. Für die Schoko-Panna-Cotta die Gelatine in kaltem Wasser ca. 5 Min. einweichen. Vanilleschote längs aufschneiden und das Mark herauskratzen. Mit Sahne, Milch und Zucker aufkochen. Kuvertüre fein hacken. Gelatine ausdrücken und unter die Sahne-Milch-Mischung rühren, bis sie gelöst ist. Die Zartbitterkuvertüre ebenfalls unterrühren und schmelzen lassen. Die Panna Cotta in die Silikonförmchen gießen (Bild 1). Die Förmchen mindestens 2 Std. ins Tiefkühlfach stellen.

2 Die Förmchen aus dem Tiefkühlfach nehmen und jeweils 1 Biskuitboden auf die Creme legen. Die Förmchen wieder mindestens 1 Std. ins Tiefkühlfach stellen. Dann die Törtchen aus der Form drücken (Bild 2) und im Kühlschrank in ca. 3 Std. auftauen lassen.

3 Für die Birkenrindenschokolade beide Kuvertüresorten jeweils separat in einer Schüssel über dem heißen Wasserbad schmelzen lassen, dann die Kuvertüre temperieren (siehe Klappe hinten). Die Erdnüsse unter die dunkle Kuvertüre rühren. Die Erdnusskuvertüre auf Backpapier streichen. Die weiße Kuvertüre mit einem Löffel darauf verteilen. Mit einer Gabel ein Wellenmuster ziehen (Bild 3). Die Kuvertüre abkühlen lassen, dann in kleine Stücke brechen.

4 Die Kirschen entsteinen. Den Thymian waschen und trocken schütteln, die Blättchen abzupfen. Kirschen mit Zucker und Thymian in einem Topf kurz erwärmen und abkühlen lassen. Die Schokotörtchen auf einen Teller setzen. Den Rand der Törtchen mit Birkenrindenschokolade verzieren. Jeweils 1 der Thymian-Kirschen oben auf den Törtchen verteilen.

TONKABOHNENTÖRTCHEN

12 ausgestochene Schokobiskuitböden
(siehe Tipp S. 6) | 3 Blatt weiße Gelatine |
170 g Sahne | 100 g Zucker | 18 g Kakaopulver |
20 g Speisestärke | 240 ml Milch | 3 Eigelb
(60 g) | ½ Tonkabohne (Feinkostgeschäft)

Gourmet-Erlebnis

Für 12 Silikonförmchen (à ca. 90 ml) |
70 Min. Zubereitung | 8 Min. Backen |
4 Std. Einfrieren | 3 Std. Auftauen
Pro Stück ca. 140 kcal, 2 g EW, 14 g F, 15 g KH

1 Biskuitböden nach dem Grundrezept (siehe
Tipp S. 6) zubereiten und ausstechen. 1 Blatt Gelatine ca. 5 Min. einweichen. 40 g Sahne mit
40 ml Wasser und 45 g Zucker aufkochen. Kakaopulver unterrühren und 2–3 Min. köcheln lassen.
Dann beiseitestellen und auf ca. 60° abkühlen lassen. Gelatine ausdrücken, in der heißen Sahne-
mischung auflösen. Förmchen gleichmäßig damit
füllen und mindestens 1 Std. ins Tiefkühlfach
stellen, bis die Masse angefroren ist.

2 2 Blatt Gelatine ca. 5 Min. einweichen. Stärke
mit 2–3 EL Milch und Eigelben glatt rühren. Übrige
Milch mit 55 g Zucker aufkochen. Stärke-Eigelb-
Mischung zugeben, unter Rühren aufkochen, dann
beiseitestellen. Tonkabohne auf einer Muskatreibe
fein reiben und unterrühren. Gelatine ausdrücken
und unter die Puddingmasse rühren. Abgedeckt
kalt stellen und auf unter 20° abkühlen lassen.

3 130 g Sahne steif schlagen, unter die Tonkaboh-
nenmasse heben. Förmchen herausnehmen, die
Creme auf das Schokoglacé geben, jedes mit 1 Biskuitboden belegen. Törtchen ca. 3 Std. ins Tiefkühlfach stellen. Törtchen aus den Förmchen drücken
und im Kühlschrank in ca. 3 Std. auftauen lassen.

WEISSE SCHOKOMOUSSE-TÖRTCHEN

12 ausgestochene Schokobiskuitböden (siehe Tipp S. 6) | 3 Blatt weiße Gelatine | 40 ml Milch | 160 g Zucker | 2 Eigelb (40 g) | 80 g weiße Kuvertüre | 260 g Sahne | ½ Vanilleschote | 240 g Quark | 20 g Blaubeeren | 1 TL Zitronensaft | 2 Eiweiß (60 g) | Spritzbeutel mit Sterntülle | 12 Blaubeeren zum Verzieren

Starlett am Kuchenbüfett

Für 12 Silikonförmchen (à ca. 90 ml) | 35 Min. Zubereitung | 8 Min. Backen | 3 Std. Einfrieren | 3 Std. Auftauen
Pro Stück ca. 220 kcal, 5 g EW, 21 g F, 25 g KH

1 Biskuitböden nach dem Grundrezept (siehe Tipp S. 6) zubereiten und ausstechen. Gelatine ca. 5 Min. einweichen. Milch und 60 g Zucker aufkochen. Vom Herd nehmen, Eigelbe unterrühren. Gelatine ausdrücken und unterrühren. Kuvertüre hacken, zugeben und erwärmen (ca. 45°), bis Gelatine und Kuvertüre gelöst sind.

2 Sahne steif schlagen. Vanilleschote längs aufschneiden, Mark herauskratzen. Mit Quark unter die Schokomasse rühren. Ein Drittel der Sahne unterrühren, übrige Sahne vorsichtig unterheben. Mousse auf die Förmchen verteilen, je 1 Biskuitboden darauflegen. Mindestens 3 Std. ins Tiefkühlfach stellen. Törtchen aus der Form drücken und im Kühlschrank in ca. 3 Std. auftauen lassen

3 Blaubeeren mit Zitronensaft pürieren, durch ein Sieb passieren. Eiweiße mit 60 g Zucker steif schlagen, übrigen Zucker nach und nach unterschlagen. Beerenpüree zugeben. Baiser mit einem Spritzbeutel mit Sterntülle auf die Törtchen spritzen. Baiser mit einem Bunsenbrenner goldbraun abflämmen. In die Mitte je 1 Beere setzen.

BAYERISCHE BIERSAHNE-TÖRTCHEN

Diese süßen Verführer mit Schwips sind genau das Richtige, wenn nicht
nur Naschkatzen, sondern auch harte Kerle am Kaffeetisch sitzen.

12 ausgestochene Schoko-
biskuitböden (siehe Tipp S. 6)
Für den Schokospiegel:
2 Blatt weiße Gelatine
60 g Sahne
85 g Zucker
35 g Kakaopulver
Für die Biersahne:
3 ½ Blatt weiße Gelatine
60 g Vollmilchkuvertüre
230 g dunkles Bockbier
30 g Zucker
2 Eigelb (40 g)
¼ Vanilleschote
1 Prise Zimtpulver
190 g Sahne

Überraschend lecker

Für 12 Silikonförmchen
(à ca. 90 ml) |
25 Min. Zubereitung |
8 Min. Backen |
4 Std. Einfrieren |
3 Std. Auftauen
Pro Stück ca. 190 kcal,
3 g EW, 20 g F, 18 g KH

1 Den Schokobiskuit nach dem Grundrezept (siehe Tipp S. 6) zubereiten und ausstechen. Für den Schokospiegel die Gelatine in kaltem Wasser ca. 5 Min. einweichen. 60 g Sahne mit 70 ml Wasser und Zucker aufkochen. Das Kakaopulver unterrühren und die Mischung auf ca. 60° abkühlen lassen. Die Gelatine ausdrücken und in der heißen Schokosahne auflösen. Die Schokosahne gleichmäßig auf die Förmchen verteilen. Die Förmchen ca. 1 Std. ins Tiefkühlfach stellen, bis der Spiegel fest ist.

2 Für die Biersahne die Gelatine in kaltem Wasser ca. 5 Min. einweichen. Die Kuvertüre fein hacken. Bier mit Zucker in einem Topf aufkochen. Den Topf beiseitestellen und die Eigelbe mit einem Schneebesen unterrühren. Die Kuvertüre unterrühren. Die Gelatine ausdrücken und in der Biermischung auflösen. Die Vanilleschote längs aufschneiden und das Mark herauskratzen. Das Vanillemark mit Zimtpulver zur Biermischung geben und unterrühren. Dann die Mischung abkühlen lassen.

3 Die Sahne steif schlagen und vorsichtig unter die abgekühlte Biermischung heben. Die Förmchen aus dem Tiefkühlfach nehmen und die Mousse gleichmäßig auf dem Schokospiegel verteilen. Jeweils 1 Schokoboden darauflegen. Die Törtchen mindestens 3 Std. ins Tiefkühlfach stellen. Dann die tiefgekühlten Törtchen sofort aus der Form drücken und im Kühlschrank in ca. 3 Std. auftauen lassen.

SCHOKO-KOKOS-TÖRTCHEN

Einfach raffiniert! Statt zum Kaffee einen Likör zu servieren, kann man doch gleich
einen Schuss davon unter die Buttercreme rühren!

12 Schokobiskuits (siehe S. 7)
500 g Buttercreme (siehe S. 9)
30 g Kokosraspel
2 EL + 120 ml Sahne-Kokoslikör
50 g Puderzucker
1 Spritzbeutel mit kleiner Lochtülle und kleiner Sterntülle
50 g Kokosraspel
12 Kirschen (frisch oder
kandiert)

Traumkombination

Für 12 Silikonförmchen
(à ca. 90 ml) |
30 Min. Zubereitung |
20 Min. Backen |
3 Std. Einfrieren |
3 Std. Auftauen
Pro Stück ca. 310 kcal,
3 g EW, 7 g F, 34 g KH

1 Die Schokobiskuits nach dem Grundrezept (siehe S. 7) zubereiten. Die Buttercreme ebenfalls nach dem Grundrezept (siehe S. 9)
zubereiten und abkühlen lassen. Jeden Biskuit waagerecht in drei
gleiche Teile schneiden. Die unteren Böden jeweils in ein Silikonförmchen legen.

2 Die kalte Buttercreme mit den Kokosraspeln und 2 EL Likör verrühren. 120 ml Likör zuerst mit Puderzucker, dann mit 50 ml Wasser verrühren. Jeweils den unteren Boden damit beträufeln. Etwas
Creme mit einem Esslöffel oder Spritzbeutel mit kleiner Lochtülle
auf dem Boden verteilen. Die mittleren Böden auf die Creme
legen, leicht andrücken und mit der Likörmischung gut tränken.
Den mittleren Boden mit etwas Creme bestreichen. Den übrigen
Boden darauflegen und mit der restlichen Likörmischung tränken.
Die Förmchen mindestens 3 Std. ins Tiefkühlfach stellen. Die
übrige Buttercreme (ca. 190 g) kalt stellen.

3 Die Törtchen aus den Förmchen drücken. Dann die Törtchen
oben und rundum mit etwas Buttercreme bestreichen. Die Törtchen mit der Oberseite und rundum in die Kokosraspel tauchen
und auf einen Teller setzen. Restliche Creme in einen Spritzbeutel
mit kleiner Sterntülle geben und in Rosetten auf die Oberseite
spritzen. Jedes Törtchen mit 1 Kirsche belegen. Die Törtchen in
den Kühlschrank stellen und in ca. 3 Std. auftauen lassen.

OBSTTÖRTCHEN

Wenn Sommer und Herbst sich von ihrer besten Seite zeigen und es herrliche Früchte in Hülle und Fülle gibt, quillt unsere Backstube über vor Äpfeln, Beeren & Co. Da wird jedes Törtchen zum fruchtigen Hingucker.

ERDBEER-DATTEL-TÖRTCHEN

Lecker-leichte Frühlingsfreude! In der fluffigen Creme auf Schokobiskuit treffen sich Erdbeeren, Datteln und Cider zu einem genüsslichen Stelldichein.

12 ausgestochene Schokobiskuitböden (siehe Tipp S. 6)
Für das Cidergelee:
1 Blatt weiße Gelatine
120 ml Cider (siehe Tipp)
60 g Zucker
1 EL Zitronensaft
abgeriebene Schale von
½ Bio-Zitrone
Für die Mousse:
2 ½ Blatt weiße Gelatine
190 g Erdbeeren
45 ml Cider (ca. 5 EL)
1 EL Zitronensaft
45 g Zucker
abgeriebene Schale von
½ Bio-Zitrone
frisch gemahlener
schwarzer Pfeffer
12 getrocknete Datteln
190 g Sahne
Außerdem:
12 Erdbeeren (nach Belieben)
12 getrocknete Datteln
(nach Belieben)

Fruchtig-elegant

Für 12 Silikonförmchen
(à ca. 90 ml) |
25 Min. Zubereitung |
8 Min. Backen |
3 Std. Einfrieren
(oder über Nacht) |
4 Std. Auftauen
Pro Stück ca. 160 kcal,
1 g EW, 10 g F, 25 g KH

1 Die Biskuitböden nach dem Grundrezept (siehe Tipp S. 6) zubereiten und ausstechen. Für das Cidergelee die Gelatine in kaltem Wasser ca. 5 Min. einweichen. Die Gelatine ausdrücken und mit Cider, Zucker, Zitronensaft und Zitronenschale in einem Topf erwärmen, bis die Gelatine gelöst ist. Die Cidermischung in die Silikonförmchen gießen und die Förmchen mindestens 1 Std. ins Tiefkühlfach stellen.

2 Für die Erdbeer-Dattel-Mousse die Gelatine in kaltem Wasser ca. 5 Minuten einweichen. Die Erdbeeren waschen, putzen, trocken tupfen und mit dem Cider pürieren. Die Gelatine ausdrücken und mit Erdbeerpüree, Zitronensaft, Zucker und Zitronenschale in einem Topf erwärmen, bis die Gelatine gelöst ist. Mit Pfeffer würzen. Die Datteln entkernen, in sehr kleine Würfel schneiden und unter die Erdbeermasse rühren. Die Sahne mit dem Handrührgerät steif schlagen. Ein Drittel Sahne unter die Erdbeermasse rühren, den Rest vorsichtig unterheben.

3 Die Förmchen aus dem Tiefkühlfach nehmen und die Erdbeer-Dattel-Mousse gleichmäßig auf dem Ciderspiegel verteilen. Je 1 Schokobiskuitboden darauflegen. Die Förmchen mindestens 3 Std. (oder über Nacht) wieder ins Tiefkühlfach stellen. Dann die tiefgekühlten Törtchen sofort aus der Form drücken und im Kühlschrank in ca. 3 Std. auftauen lassen. Zum Servieren die Törtchen nach Belieben mit Erdbeeren und getrockneten Datteln verzieren.

TIPP

Cider oder Cidre, wie die Franzosen ihn nennen, ist ein moussierender Apfelwein. Der englische Ausdruck Cider hat sich bei uns weitgehend durchgesetzt. Meistens wird er in den Sorten dry, medium und medium sweet angeboten. Zum Backen eignet sich die Dry-Variante am besten.

RHABARBERTÖRTCHEN MIT BAISER

Liebe auf den ersten Blick: Als Versteck für ihr Rendezvous haben Erdbeeren
und Rhabarber sich hier luftigen Baiser ausgesucht.

600 g Mürbeteig (siehe S. 8)
Für das Kompott:
200 g Rhabarber
(ca. 3 dünne Stangen)
80 ml Orangensaft
40 g Speisestärke
3 TL Zitronensaft
etwas abgeriebene Schale
von 1 Bio-Zitrone
80 g Zucker
160 g Erdbeeren
Für das Baiser:
3 Eiweiß (90 g)
180 g Zucker
Außerdem:
Butter für die Förmchen
Mehl zum Arbeiten
1 Ausstecher (10 cm ⌀,
oder Dessertring)
1 Spritzbeutel mit Sterntülle

Frühlingstörtchentraum

Für 12 Tarteletteförmchen
(à ca. 10 cm ⌀) |
1 Std. 35 Min. Zubereitung |
3 Std. Ruhen |
23 Min. Backen
Pro Stück ca. 130 kcal,
1 g EW, 5 g F, 28 g KH

1 Den Mürbeteig nach dem Grundrezept (siehe S. 8) zubereiten und ruhen lassen. Für das Kompott den Rhabarber putzen, waschen und in 2 – 3 cm große Stücke schneiden. 1 EL Orangensaft mit Speisestärke, Zitronensaft und -schale verrühren. Übrigen Orangensaft mit Zucker und etwa zwei Drittel der Rhabarberstücke aufkochen. Die Stärke unter Rühren dazugeben und einmal kurz aufkochen. Übrige Rhabarberstücke zugeben und unter Rühren ca. 1 Min. kochen lassen. Das Rhabarberkompott beiseitestellen und abkühlen lassen.

2 Die Erdbeeren waschen, putzen und je nach Größe in Viertel oder Achtel schneiden und unter das Kompott rühren. Metallförmchen einfetten. 600 g Mürbeteig portionsweise auf einer bemehlten Arbeitsfläche etwa messerrückendick (ca. 3 mm) ausrollen (Bild 1). Mit einem Ausstecher 12 Kreise ausstechen und die Teigkreise in die Tartletteförmchen legen. (Bild 2).

3 Den Ofen auf 180° vorheizen. Ein Backblech mit Backpapier auslegen. Das Rhabarber-Erdbeer-Kompott gleichmäßig auf die Tarteletts verteilen. Törtchen im Ofen (Mitte) in ca. 20 Minuten goldbraun backen. Törtchen herausnehmen und auskühlen lassen. Dann die Törtchen aus den Förmchen lösen und auf das Backblech setzen.

4 Den Backofengrill vorheizen. Für das Baiser die Eiweiße mit der Hälfte des Zuckers steif schlagen. Dann nach und nach den restlichen Zucker unterschlagen, bis die Baisermasse schnittfest ist. Den Eischnee mit einem Spritzbeutel mit Sterntülle in Spitzen auf die Törtchen spritzen (Bild 3) oder mit einem Löffel darauf verteilen. Im Ofen (oben) 2 – 3 Minuten backen.

DOMINIKS HONIGMOND-TÖRTCHEN

450 g Mürbeteig (siehe S. 8) | 6 g Salbei (5 Salbeistiele) | 250 g Sahne | 40 g Honig | 40 g Butter | 300 g Zartbitterkuvertüre | 48 Himbeeren (ca. 150 g) | Mehl zum Arbeiten | 1 Ausstecher (10 cm ⌀) | 12 Silikonförmchen zum Blindbacken

Everybody's darling

Für 12 Silikonförmchen (à ca. 90 ml) |
50 Min. Zubereitung | 3 Stunden Ruhen |
10 Min. Backen | 2 Std. Kühlen
Pro Stück ca. 250 kcal, 2 g EW, 39 g F, 17 g KH

1 Teig nach dem Grundrezept (siehe S. 8) zubereiten und ruhen lassen. Ofen auf 180° vorheizen. 450 g Teig auf einer bemehlten Arbeitsfläche etwa messerrückendick (ca. 3 mm) ausrollen. Mit einem Ausstecher 12 Kreise ausstechen. Die Kreise in die Förmchen legen. Überstehenden Teig abschnei-

den. Teigboden mit einer Gabel einstechen. Zum Blindbacken jeweils ein zweites Silikonförmchen auf den Teig setzen. Im Ofen (Mitte) 7 – 10 Minuten backen. Herausnehmen und die Böden auskühlen lassen. Silikonförmchen abziehen und die Böden aus den Förmchen lösen.

2 Den Salbei waschen, trocken tupfen und grob hacken. Mit Sahne, Honig und Butter aufkochen, beiseitestellen und ca. 5 Min. ziehen lassen. Die Kuvertüre fein hacken. Die Salbeisahne durch ein Sieb gießen, den Salbei ausdrücken. Die Kuvertüre unterrühren und schmelzen lassen.

3 Die Himbeeren verlesen und 12 Beeren beiseitelegen. Je 3 Beeren auf die Böden legen. Die Salbei-Schoko-Sahne darauf verteilen. Mit je 1 Beere verzieren. Die Törtchen 1 – 2 Std. in den Kühlschrank stellen, bis die Creme fest ist.

KIRSCHPLÖTZCHEN

450 g Mürbeteig (siehe S. 8) | 350 g Sauer-
kirschen (frisch oder TK) | 2 Eiweiß (60 g) |
60 g Zucker | 40 g Butter | 1/2 TL abgeriebene
Schale von 1 Bio-Zitrone (3 g) | 1 gestr. TL Zimt-
pulver | 1 geh. TL Lebkuchengewürz (3 g) |
2 Eigelb (40 g) | 20 g Mehl | 70 g gemahlene
Haselnüsse | Mehl zum Arbeiten | 1 Ausstecher
(10 cm ⌀) | Puderzucker zum Bestreuen (nach
Belieben)

Würzig und saftig

Für 12 Tarteletteförmchen (à ca. 10 cm ⌀) |
55 Min. Zubereitung | 40 Min. Backen
Pro Stück ca. 130 kcal, 3 g EW, 17 g F, 12 g KH

1 Teig nach dem Grundrezept (siehe S. 8) zubereiten und ruhen lassen. Metallförmchen einfetten.
Ofen auf 180° vorheizen. 450 g Teig portionsweise
auf einer bemehlten Arbeitsfläche ca. 3 mm dick
ausrollen. 12 Kreise ausstechen und in die Förmchen legen, überstehenden Teig abschneiden. Die
Förmchen kalt stellen.

2 Kirschen waschen und entsteinen (oder auftauen lassen). Eiweiße mit Zucker steif schlagen
und kalt stellen. Butter zerlassen. Zitronenschale,
Zimtpulver und Lebkuchengewürz unterrühren.
Den Topf beiseitestellen und die Eigelbe nach und
nach unter die Butter rühren. Eischnee unter die
Buttermasse rühren. Mehl darübersieben. Dann
mit Haselnüssen und Sauerkirschen unterheben.

3 Die Förmchen aus dem Kühlschrank nehmen.
Die Kirschmasse auf dem Teig verteilen. Die Törtchen im Backofen (Mitte) 35–40 Min. backen. Die
Kirschplötzchen herausnehmen und auskühlen
lassen, dann aus den Förmchen lösen. Nach Belieben mit Puderzucker bestreuen.

KÖNIG LUDWIGS LIEBLINGSTÖRTCHEN

Angeblich ließ sich schon der Märchenkönig nachmittags gerne ein feines Apfeltörtchen servieren. Heute können Sie damit Ihre Kaffeetafel krönen.

35 g Rosinen | 3 EL Rum
660 g Mürbeteig (siehe S. 8)
Für die Füllung:
800 g säuerliche Äpfel
(z. B. Boskop)
25 g Speisestärke (z. B. Mais-
oder Kartoffelstärke)
1 Eigelb (20 g)
200 ml Weißwein | 25 g Butter
1 TL Zitronensaft | 75 g Zucker
1 Msp. abgeriebene Schale
von 1 Bio-Zitrone
50 g Aprikosenkonfitüre
Außerdem:
Butter für die Förmchen
Mehl zum Arbeiten
1 Ausstecher (10 cm ⌀,
oder Dessertring)

Royales Vergnügen

Für 12 Tarteletteförmchen
(à ca. 10 cm ⌀) |
50 Min. Zubereitung |
über Nacht Einweichen |
3 Std. Ruhen |
25 Min. Backen
Pro Stück ca. 120 kcal,
1 g EW, 10 g F, 19 g KH

1 Die Rosinen mit Rum bedeckt mindestens über Nacht einlegen. Den Mürbeteig nach dem Grundrezept (siehe S. 8) zubereiten und ruhen lassen. Metallförmchen einfetten. 600 g Teig auf einer bemehlten Arbeitsfläche messerrückendick (ca. 3 mm) ausrollen. Den Rest kalt stellen. Mit einem Ausstecher 12 Kreise ausstechen. Die Teigkreise in die Tarteletteförmchen legen und im Kühlschrank kalt stellen. Alle Teigreste zum beiseitegelegten Teig im Kühlschrank geben.

2 Für die Füllung die Äpfel schälen, entkernen und in kleine Stücke schneiden. Stärke mit Eigelb und 1 EL Wein anrühren. Die Äpfel mit restlichem Wein, Butter, Zitronensaft und Zucker in einem Topf aufkochen und bei kleiner Hitze 1 – 2 Min. köcheln lassen. Die Stärke dazugeben und unter Rühren einmal aufkochen, dann beiseitestellen. Die Äpfel etwas abkühlen lassen. Zitronenschale und Rosinen unterrühren.

3 Ofen auf 180° vorheizen. Die Förmchen aus dem Kühlschrank nehmen. Die Apfelfüllung auf dem Teig verteilen. Übrigen Mürbeteig auf einer bemehlten Arbeitsfläche dünn ausrollen und in etwa 1 cm breite Streifen schneiden. Jeweils 4 Teigstreifen gitterartig auf die Törtchen legen.

4 Die Törtchen im Ofen (Mitte) 20 – 25 Min. backen. Herausnehmen und auskühlen lassen, dann die Törtchen aus den Förmchen lösen und auf ein Kuchengitter setzen. Die Aprikosenkonfitüre erwärmen. Die Törtchen damit dünn bestreichen.

MINI-LIME-PIES

Ein unkompliziertes Mürbeteigtörtchen mit dem herrlichen zitronigen Aroma
des beliebten amerikanischen Klassikers.

600 g Mürbeteig (siehe S. 8)
4 Eigelb (80 g)
400 g gezuckerte
Kondensmilch
110 ml Limettensaft
(ca. 5 Limetten)
20 ml Orangenlikör
(z. B. Grand Marnier)
20 g abgeriebene Limettenschale (ca. 5 Bio-Limetten)
4 Eiweiß (120 g)
240 g Zucker
Butter für die Förmchen
Mehl zum Arbeiten
1 Ausstecher (10 cm ⌀)
1 Spritzbeutel mit einer
Lochtülle (11 mm)

Amerikanisch inspiriert

Für 12 Tarteletteförmchen
(à ca. 10 cm ⌀) |
40 Min. Zubereitung |
3 Std. Ruhen |
26 Min. Backen
Pro Stück ca. 220 kcal,
6 g EW, 9 g F, 42 g KH

1 Den Mürbeteig nach dem Grundrezept (siehe S. 8) zubereiten und ruhen lassen. Metallförmchen einfetten. 600 g Teig auf einer bemehlten Arbeitsfläche etwa messerrückendick (ca. 3 mm) ausrollen. Mit einem Ausstecher 12 Kreise ausstechen. Die Teigkreise in die Förmchen legen.

2 Den Ofen auf 180° vorheizen. Die Eigelbe mit Kondensmilch, Limettensaft, Likör und Limettenschale gut verrühren. Die Füllung gleichmäßig auf die Tartelettes verteilen. Im Ofen (Mitte) ca. 20 Min. backen. Herausnehmen und auskühlen lassen. Die Törtchen aus den Förmchen lösen und auf ein Backblech setzen.

3 Den Ofen auf 210° (Oberhitze) oder den Backofengrill vorheizen. Für das Baiser die Eiweiße mit der Hälfte des Zuckers steif schlagen. Dann übrigen Zucker nach und nach unterschlagen, bis der Eischnee schnittfest ist. Eischnee mit einem Spritzbeutel mit Lochtülle in Spitzen auf die Törtchen spritzen oder mit einem Löffel auf den Törtchen verteilen. Im Ofen (oben) 2 – 6 Min. backen.

TIPP

Kondensmilch wurde früher gezuckert, um sie haltbarer zu machen. Heute wird die Haltbarkeit anders verlängert. Man bekommt sie in fast allen Supermärkten. In Spanien gibt man für den »Café bombón« zuerst eine Schicht gezuckerte Kondensmilch in die Tasse und darüber eine Schicht starken Kaffee. Die Brasilianer machen ihre »Brigadeiros« (eine Pralinensorte) damit.

WEINSAHNE-TÖRTCHEN MIT FRUCHTKERN

Von außen lässt sich dieses Törtchen nicht anmerken, welche Raffinesse in ihm steckt.
Aber wenn man es anschneidet, dann kommt der flüssige Johannisbeerkern zum Vorschein.

12 ausgestochene helle
Biskuitböden (siehe S. 6)
Für die Fruchtkerne:
100 g rote Johannisbeeren
1 kleiner Zweig Thymian
1 TL Zitronensaft | 35 g Zucker
etwas abgeriebene Schale
von 1 Bio-Zitrone
Für die Weinmousse:
3 Blatt weiße Gelatine
1 Bio-Zitrone
140 ml Weißwein
30 g Zucker | 2 Eigelb (40 g)
80 g weiße Kuvertüre
270 g Sahne
Außerdem:
12 kleine Silikonförmchen
12 Johannisbeerrispen

Raffiniert

Für 12 Silikonförmchen
(à ca. 90 ml) |
1 Std. 15 Min. Zubereitung |
8 Min. Backen |
6 Std. Einfrieren
(oder über Nacht) |
3 Std. Auftauen
Pro Stück ca. 175 kcal,
2 g EW, 21 g F, 15 g KH

1 Die Biskuitböden nach dem Grundrezept (siehe S. 6) backen und ausstechen. Für die Fruchtkerne die Johannisbeeren waschen und von den Rispen streifen. Den Thymian waschen und trocken schütteln, die Blättchen abzupfen. Johannisbeeren, Thymian, Zitronensaft, Zucker und Zitronenschale mit dem Pürierstab pürieren. Das Püree durch ein Sieb passieren, auffangen und in kleine Förmchen gießen. Die Förmchen 3 Std. (oder über Nacht) ins Tiefkühlfach stellen.

2 Für die Weinmousse die Gelatine in kaltem Wasser ca. 5 Min. einweichen. Die Zitrone heiß waschen und abtrocknen, etwas Schale abreiben und 3 TL Saft auspressen. Den Wein mit Zitronensaft und Zucker in einem Topf aufkochen. Den Topf beiseitestellen und die Eigelbe unterrühren. Kuvertüre mit einem großen Messer hacken und unterrühren. Die Gelatine ausdrücken und mit Zitronenschale unter die Weißweinmischung rühren. Die Mischung abkühlen lassen (ca. 20°).

3 Die Sahne steif schlagen. Ein Drittel der Sahne unter die Mousse rühren, den Rest vorsichtig unterheben. Die Silikonförmchen mit der Hälfte der Mousse füllen. Die Johannisbeerkerne aus den Förmchen lösen und jeweils einen Kern auf die Mousse geben, sodass er von der Mousse umschlossen ist. Die übrige Mousse darauf verteilen. Jeweils 1 Biskuitboden darauflegen. Die Törtchen mindestens 3 Std. ins Tiefkühlfach stellen. Die tiefgekühlten Törtchen sofort aus der Form drücken und im Kühlschrank in ca. 3 Std. auftauen lassen. Die Törtchen mit 1 Johannisbeerrispe belegen und servieren.

SCHNELLE TÖRTCHEN

Für alle, die wenig Zeit haben und trotzdem nicht auf ein leckeres Törtchen verzichten möchten. Die Biskuitböden werden fertig gekauft, der Rest ist dann mit einem guten Timing ein Kinderspiel.

HUGO-TÖRTCHEN MIT FEIGEN

Diese Törtchen erinnern ein wenig an den gleichnamigen Sommerdrink, den ich bei Freunden getrunken habe. Gleich beim ersten Schluck hatte ich die Idee für dieses Rezept.

1 hellen Biskuitboden
(Fertigprodukt, siehe Tipp)
Für die Proseccocreme:
4 Blatt weiße Gelatine
65 ml Holunderblütensirup
25 g Zucker
65 ml Prosecco
220 g Sahne | 130 g Quark
½ TL abgeriebene Schale von
1 Bio-Zitrone
Für die Feigen:
350 ml Rotwein
350 ml Orangensaft
50 g Zucker
1 Prise Zimtpulver
½ TL geriebene Schale von
1 Bio-Orange
6 frische Feigen
Außerdem:
1 Ausstecher (ca. 7 cm ⌀)
12 Zitronenmelisseblätter

Kultdrink als Törtchen

Für 12 Silikonförmchen
(à ca. 90 ml) |
55 Min. Zubereitung |
3 Std. Einfrieren |
3 Std. Auftauen
Pro Stück ca. 175 kcal,
3 g EW, 12 g F, 21 g KH

1 Aus dem Biskuitboden 12 kleine Böden ausstechen. Für die Proseccocreme die Gelatine in kaltem Wasser ca. 5 Min. einweichen. Gelatine ausdrücken und mit Holunderblütensirup und Zucker in einem Topf erwärmen, bis die Gelatine gelöst ist. Den Prosecco unterrühren.

2 Sahne steif schlagen. Quark und Zitronenschale unter die Proseccomischung rühren. Ein Drittel der Sahne unterrühren, dann übrige Sahne vorsichtig mit einem Schneebesen unterheben.

3 Die Proseccocreme in die Silikonförmchen füllen. Jeweils 1 Biskuitboden darauflegen. Die Förmchen mindestens 3 Std. ins Tiefkühlfach stellen. Die tiefgekühlten Törtchen sofort aus der Form drücken und im Kühlschrank in ca. 3 Std. auftauen lassen.

4 Rotwein mit Orangensaft, Zucker, Zimtpulver und Orangenschale in einem Topf aufkochen, dann offen bei mittlerer Hitze auf etwa ein Drittel einkochen lassen. Die Feigen waschen, trocken tupfen und vierteln. Die Viertel in den Sud geben und ca. 1 Min. mitköcheln lassen, dann herausnehmen. Törtchen mit den heißen Feigen auf einem Teller anrichten. Mit heißem Rotweinsud übergießen und mit je 1 Zitronenmelisseblättchen verziert servieren.

TIPP

Kaufen Sie für die Törtchen in diesem Kapitel einen fertigen Biskuitboden beim Bäcker oder Konditor, der die Biskuitböden noch selber macht. Dann den Boden je nach Höhe waagerecht in 2 oder 3 dünne Scheiben schneiden und die kleinen Böden mit einem Ausstecher in der im Rezept angegebenen Größe ausstechen.

BEERENTRAUMTÖRTCHEN

600 g Mürbeteig (siehe S. 8) | ¼ Vanille-schote | 250 g Sahne | 2 Eier (100 g) | 50 g Zucker | ½ TL abgeriebene Schale von 1 Bio-Zitrone | 500 g gemischte Beeren (z. B. Erdbeeren, Johannisbeeren, Blaubeeren) | 1 Päckchen klarer Tortenguss | Butter für die Förmchen | Mehl zum Arbeiten | 1 Ausstecher (10 cm ⌀, oder Dessertring) | 12 Minzeblätter

Superleicht

Für 12 Tarteletteförmchen (à ca. 10 cm ⌀) |
40 Min. Zubereitung | 3 Std. Ruhen |
25 Min. Backen
Pro Stück ca. 150 kcal, 2 g EW, 23 g F, 13 g KH

1 Teig nach Rezept (siehe S. 8) zubereiten und ruhen lassen. Metallförmchen einfetten. 600 g Teig auf einer bemehlten Arbeitsfläche ausrollen. Dann 12 Kreise ausstechen und in die Förmchen legen.

2 Den Backofen auf 180° vorheizen. Die Vanille-schote längs aufschneiden und das Mark herauskratzen. Für den Sahneguss Vanillemark mit Sahne, Eiern, Zucker und Zitronenschale verrühren. Den Guss gleichmäßig auf die Förmchen verteilen. Im Ofen (Mitte) 20 – 25 Min. backen. Herausnehmen und auskühlen lassen. Die Törtchen aus den Förmchen lösen und auf ein Kuchengitter setzen.

3 Die Früchte waschen und trocken tupfen. Die Johannisbeeren von den Rispen zupfen. Die Törtchen mit der Beerenmischung gleichmäßig belegen. Den Tortenguss nach Packungsangabe zubereiten und die Törtchen damit überziehen. Jedes Törtchen mit 1 Minzeblatt verzieren.

TIPP

Wer möchte, kann auch Himbeeren, Brombeeren oder dünne Mangospalten verwenden.

HIMBEER-JOGHURT-TÖRTCHEN

1 Schokobiskuitboden (Fertigprodukt, siehe Tipp S. 54) | 4 Blatt weiße Gelatine | 120 g Himbeeren | 70 g Zucker | ½ TL abgeriebene Schale von 1 Bio-Zitrone | 2 TL Zitronensaft | 300 g Sahne | 80 g Joghurt | 1 Ausstecher (ca. 7 cm ⌀) | Himbeeren zum Verzieren | Puderzucker (nach Belieben)

Einfach himmlisch

Für 12 Silikonförmchen (à ca. 90 ml) | 35 Min. Zubereitung | 3 Std. Einfrieren | 3 Std. Auftauen
Pro Stück ca. 140 kcal, 2 g EW, 17 g F, 12 g KH

1 Aus dem Biskuitboden 12 kleine Böden ausstechen (siehe Tipp S. 54). Die Gelatine in kaltem Wasser ca. 5 Min. einweichen. Die Himbeeren verlesen. Die Gelatine ausdrücken, mit Himbeeren und Zucker in einem kleinen Topf verrühren und erwärmen, bis die Gelatine aufgelöst ist. Die Zitronenschale und den Zitronensaft dazugeben und unter die Himbeermischung rühren.

2 Die Sahne steif schlagen. Den Joghurt unter die Himbeermasse rühren. Zuerst ein Drittel Sahne unter die Himbeermasse rühren. Dann den Rest Sahne vorsichtig mit einem Schneebesen unterheben. Die Himbeer-Joghurt-Sahne in die Förmchen geben. Jeweils 1 Schokobiskuitboden darauflegen. Die Förmchen mindestens 3 Std. ins Tiefkühlfach stellen.

3 Die tiefgekühlten Törtchen sofort aus den Förmchen drücken und im Kühlschrank in ca. 3 Std. auftauen lassen. Zum Servieren die Törtchen mit den übrigen Himbeeren belegen und nach Belieben noch mit Puderzucker bestreuen.

ERDBEERSAHNE-TÖRTCHEN

Nach den ersten Erdbeeren sehnen sich Süßmäuler mindestens so sehr wie
nach der ersten Eiskugel des Sommers. Ein Hoch auf die Erdbeerzeit!

1 Schokobiskuitboden (Fertigprodukt, siehe Tipp S. 54)
4 Blatt Gelatine
130 g Erdbeeren
65 g Zucker
2 TL Zitronensaft
½ TL abgeriebene Schale
von 1 Bio-Zitrone
300 g Sahne
120 g Quark
65 g Borkenschokolade-
splitter (ersatzweise Zartbitterkuvertüre)
1 Ausstecher (ca. 7 cm ⌀)
6 Erdbeeren zum Verzieren

Einfach superlecker

Für 12 Silikonförmchen
(à ca. 90 ml) |
20 Min. Zubereitung |
3 Std. Einfrieren |
3 Std. Auftauen
Pro Stück ca. 165 kcal,
3 g EW, 20 g F, 14 g KH

1 Aus dem Biskuitboden mit dem Ausstecher 12 kleine Böden ausstechen (siehe Tipp S. 54). Die Gelatine in kaltem Wasser ca. 5 Min. einweichen. Die Erdbeeren waschen, putzen und mit einem Pürierstab pürieren. Die Gelatine ausdrücken, mit Erdbeerpüree und Zucker in einem Topf erwärmen, bis sich die Gelatine vollständig aufgelöst hat. Zitronensaft und Zitronenschale dazugeben und unterrühren.

2 Die Sahne steif schlagen. Den Quark unter das Erdbeerpüree rühren. Zuerst ein Drittel Sahne unter das Püree rühren. Den Rest Sahne vorsichtig mit einem Schneebesen unterheben. Die Borkenschokoladesplitter ebenfalls vorsichtig unterheben.

3 Die Erdbeersahne in die Silikonförmchen füllen. Jeweils 1 Schokobiskuitboden darauflegen. Die Förmchen mindestens 3 Std. ins Tiefkühlfach stellen. Dann die tiefgekühlten Törtchen sofort aus den Förmchen drücken und im Kühlschrank in ca. 3 Std. auftauen lassen. Vor dem Servieren die übrigen Erdbeeren waschen, putzen und halbieren. Die Törtchen mit je 1 Erdbeerhälfte belegen.

TIPP

Sie bekommen weder im Feinkostgeschäft noch im Internet Borkenschokoladesplitter? Kein Problem. Nehmen Sie stattdessen die gleiche Menge Zartbitterkuvertüre. Die Kuvertüre dann mit einem Messer fein hacken und vorsichtig unter die Erdbeersahne heben.

REGISTER

Damit Sie Rezepte mit bestimmten Zutaten noch schneller finden, sind in diesem Register auch beliebte Zutaten wie **Erdbeeren** oder **Nüsse** alphabetisch eingeordnet und hervorgehoben. Darunter finden Sie das Rezept ihrer Wahl.

© 2014 GRÄFE UND UNZER VERLAG GmbH, München Alle Rechte vorbehalten. Nachdruck, auch auszugsweise, sowie die Verbreitung durch Film, Funk, Fernsehen und Internet, durch fotomechanische Wiedergabe, Tonträger und Datenverarbeitungssysteme jeglicher Art nur mit schriftlicher Genehmigung des Verlages.

Projektleitung: Monika Greiner
Lektorat: Maryna Zimdars
Korrektorat: Waltraud Schmidt
Innen- und Umschlaggestaltung: independent Medien-Design, Horst Moser, München
Illustration: Julia Hollweck
Herstellung: Susanne Mühldorfer
Satz: Kösel, Krugzell
Reproduktion: Repro Ludwig, Zell am See
Printed in China
Syndication:
www.jalag-syndication.de

3. Auflage 2014
ISBN 978-3-8338-3769-2

 www.facebook.com/gu.verlag

GRÄFE
UND
UNZER

Ein Unternehmen der
GANSKE VERLAGSGRUPPE

Der Autor

Martin Schönleben ist Konditormeister und führt in Puchheim bei München eine Konditorei. Seine originellen Ideen, Zutaten immer wieder neu zu kombinieren, scheinen unerschöpflich zu sein. Seine Homepage und sein Rezeptblog www.cafeschoenleben.de stehen ganz unter dem Motto »Ich backe anders«, was er in diesem Buch auch beweist.

Der Fotograf

Thorsten Suedfels lebt als freier Fotograf in Hamburg und fotografiert Food und Stills für Magazine, Verlage und Agenturen. Sein Team: Pia Westermann (Foodstyling) und Dietlind Wolf (Styling).

Bildnachweis

Titel: Wolfgang Schardt; Autorenfoto: Fotos mit Geschmack; alle anderen: Thorsten Suedfels

Titelrezepte

Beerentraumtörtchen (S. 56) und Schokotörtchen (S. 28)

Liebe Leserin, lieber Leser,

haben wir Ihre Erwartungen erfüllt? Sind Sie mit diesem Buch zufrieden? Haben Sie weitere Fragen zu diesem Thema? Wir freuen uns auf Ihre Rückmeldung, auf Lob, Kritik und Anregungen, damit wir für Sie immer besser werden können.

GRÄFE UND UNZER Verlag
Leserservice
Postfach 86 03 13
81630 München
E-Mail:
leserservice@graefe-und-unzer.de

Telefon: 00800 / 72 37 33 33*
Telefax: 00800 / 50 12 05 44*
Mo–Do: 8.00–18.00 Uhr
Fr: 8.00–16.00 Uhr
(* gebührenfrei in D, A, CH)

Ihr GRÄFE UND UNZER Verlag
Der erste Ratgeberverlag – seit 1722.

Backofenhinweis:

Die Backzeiten können je nach Herd variieren. Die Temperaturangaben in unseren Rezepten beziehen sich auf das Backen im Elektroherd mit Ober- und Unterhitze und können bei Gasherden oder Backen mit Umluft abweichen. Details entnehmen Sie bitte Ihrer Gebrauchsanweisung.

So viel mehr lecker.

1 TEIG – 50 KUCHEN
So leicht kann backen sein
GINA GREIFENSTEIN

ISBN 978-3-8338-3437-0

CAKE-POPS
Kuchenpralinen am Stiel
CHRISTA SCHMEDES

ISBN 978-3-8338-3768-5

WAFFELN
Als ob immer Sonntag wäre
ANNE-KATRIN WEBER

ISBN 978-3-8338-3433-2

Schokolade & Pralinen
DIE 50 BESTEN REZEPTE

Laden im App Store
ANDROID APP BEI Google play

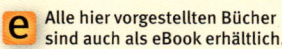

MINI-GUGLHUPF
Einfach zum Vernaschen
ANDREA SCHIRMAIER-HUBER

ISBN 978-3-8338-3626-8

WEIHNACHTS-PLÄTZCHEN
Himmlisch lecker und bezaubernd süß
CHRISTINA RICHON

ISBN 978-3-8338-3434-9

e Alle hier vorgestellten Bücher sind auch als eBook erhältlich.

Mehr von GU auf **www.gu.de** und
f **facebook.com/gu.verlag**

Willkommen im Leben.

KALTE NUGAT-HÜNDCHEN

Wer kennt ihn nicht, den kalten Hund von früher. Hier eine geniale Alternative. Anstatt Kekse nehme ich Biskuitreste, die beim Ausstechen übrig bleiben. Voilà!

50 g Haselnusskerne | ca. 725 g Zartbitterkuvertüre | 225 g Nugat | 225 g Butter | 300 g Biskuitreste (oder Löffelbiskuits) | 25 g Schokostreusel

Reste de luxe

Für 12 Silikonförmchen (à ca. 90 ml) | 55 Min. Zubereitung | 3 Std. Einfrieren | 3 Std. Auftauen
Pro Stück ca. 730 kcal, 8 g EW, 101 g F, 50 g KH

1 Die Haselnusskerne in einer kleinen Pfanne ohne Fett rösten, bis sie anfangen zu duften. Dann herausnehmen und abkühlen lassen. 225 g Zartbitterkuvertüre, Nugat und Butter grob zerkleinern und über dem heißen Wasserbad schmelzen lassen. Haselnusskerne grob hacken und unter die Schoko-Nugat-Masse rühren. Biskuitreste in ca. 2 cm große Würfel schneiden und unterheben.

2 Die Biskuit-Kuvertüre-Masse auf die Silikonförmchen verteilen, etwas andrücken und mit einem Löffel glatt streichen. Die Förmchen mindestens 3 Std. ins Tiefkühlfach stellen.

3 Übrige Kuvertüre über dem heißen Wasserbad schmelzen lassen und temperieren (siehe Klappe hinten). Törtchen aus den Förmchen drücken, mit einer Gabel in die Kuvertüre tauchen, abtropfen lassen und auf Backpapier setzen. Mit Schokostreuseln bestreuen, den Überzug fest werden lassen. Zum Servieren Törtchen auftauen lassen.